Dieses Heft gehört:

Name: _____

Straße: _____

Ort: _____

Spitzname: _____

Schule: _____

Lehrer / Lehrerin: _____

Lieblingsfächer: _____
_____
_____

Alter: _____

Hier kannst du dein Bild einkleben

Neue Ensslin-Aufsatzspiele 1

Meine Stifte lernen laufen!

Versuche einmal, Brunos Muster fortzusetzen. Danach kannst du die Schmuckrahmen schön bunt ausmalen.

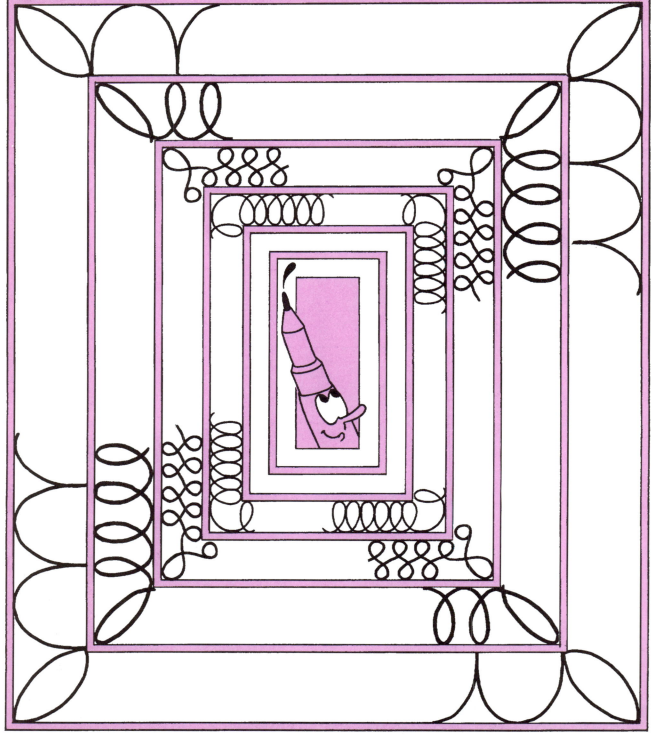

Das ist Wilma Wolf. Sie malt auch gern Muster.
Hilf ihr ein wenig, und fülle diese Zeilen aus.

Erfinde nun selbst schöne Muster, und schmücke damit die Rahmen.

Ich wünsche mir ...

Christine wünscht sich viele Tiere. Sie schreibt:
Ich wünsche mir einen Hahn.
Ich wünsche mir eine Henne.
Ich wünsche mir fünf Küken.

Miriam wünscht sich ein Kaninchen. Sie schreibt:
Ich wünsche mir ein Kaninchen.

Florian wünscht sich zwei Meerschweinchen. Er schreibt:
Ich wünsche mir zwei Meerschweinchen.

**Und welches Haustier magst du am liebsten?
Einen Wellensittich, einen Hamster, einen Hund?
Schreibe es auf.**

Lieblingshaustiere

Mach dir einen Reim darauf! Suche die Reimwörter, und trage sie ein.

Die verrückte Druckmaschine

Hilfe! Die Druckmaschine hat Buchstabensalat gemacht. **Welche Buchstaben kannst du erkennen?** Fahre sie mit dem Finger nach, und male sie bunt an.

WILMA BRUNO

Versuche einmal, mit Kressesamen deinen Namen zu schreiben. Wenn du dein Kressebeet fleißig gießt, kannst du schon nach wenigen Tagen erkennen, ob du alles richtig geschrieben hast.

Wilma Wolf und Amadea Amsel wollen ihre nächsten Briefe ohne einen Stift schreiben. Sie schneiden Wörter aus Zeitungspapier aus. Dann kleben sie die Wörter auf ein Blatt Papier.
Probiere es auch einmal: Setze einen Brief oder eine Geschichte aus Wörtern zusammen, die du aus der Zeitung ausgeschnitten hast.

Du kannst auch Botschaften mit einem Stock in den Sand schreiben oder mit dem Finger auf eine beschlagene Fensterscheibe. **Fallen dir noch mehr Möglichkeiten ein?**

Wilma Wolf wünscht sich ein Namensschild für ihr Zuhause.
In verschiedenen Schriftarten sieht ihr Name immer anders aus.

Wilma Wolf

Wilma Wolf

WILMA WOLF

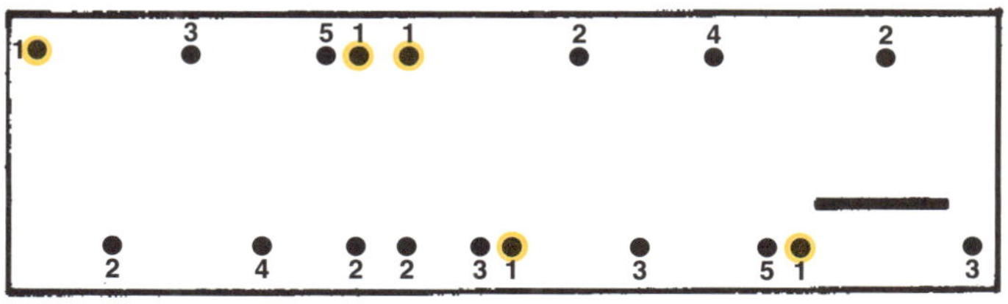

Verbinde die Punkte.
Auch das heißt Wilma.

⇦ Und das ist Wilma.

Spiele auch mit den Buchstaben deines Namens.

Lieblingsbuchstaben

Bruno Bär mag das B. Er sammelt Wörter, die mit B beginnen.

Hast du auch einen Lieblingsbuchstaben? Sammle viele Wörter, die mit diesem Buchstaben anfangen. Du kannst in Zeitschriften und Katalogen danach suchen. Klebe sie unten ein.

Dingsbums

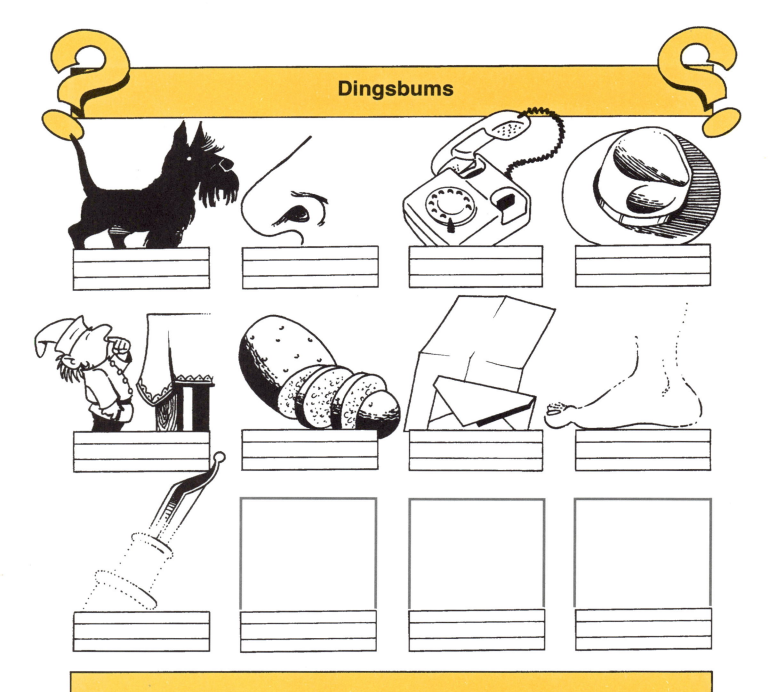

Fällt dir das passende Namenwort zu diesen Bildern ein? Schreibe es hinzu.

Erfinde nun eine Geschichte, in der mindestens vier dieser Wörter vorkommen. Vielleicht hilft dir jemand, die Geschichte aufzuschreiben.

In die leeren Felder darfst du hineinmalen, was dir gerade einfällt. Auch diese Dinge können in deiner Geschichte vorkommen.

Rätselhaft! Was ist das?

Es ist eine Mausefalle, die schnurren kann.

Es ist eine Wolkendusche.

Es ist ein Vierbeiner, der nicht laufen kann.

Es ist ein Vogel, der seinen Namen ruft.

Es ist ein Glöckchen ohne Ton.

Es frißt immer mit zwei Löffeln.

Es hängt an der Wand und macht ticktack!

Es ist eine Frucht mit Reißverschluß.

Es ist die schützende Hülle winziger Küken.

Erfinde selbst Rätsel!

Abc-Geschichten

Affe   **B**ananen   **H**unger   **G**efahr

Es war einmal ein kleiner **Affe**. Er liebte **Bananen**. Als er **Hunger** bekam, ging er auf die Suche nach den leckersten Bananen in seinem Wald. Er aß eine und noch eine und noch eine, bis er satt und kugelrund war. Der kleine Affe schlief ein. Er bemerkte nicht, daß eine **Gefahr** nahte ...

Wie könnte die Geschichte weitergehen? Wer hilft dem kleinen Affen? Erzähle weiter.

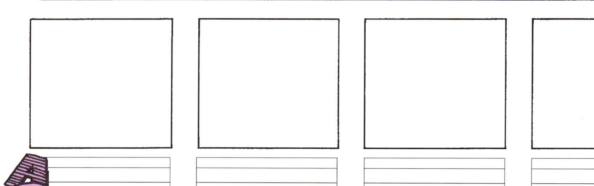

Suche dir aus dem Abc ein paar Buchstaben aus. Überlege dir dazu Wörter und dann eine kleine Geschichte, in der diese Wörter vorkommen. Denk dir nun eine passende Überschrift aus. Kannst du auch eine Bildergeschichte dazu malen?

Komische Käuze

Bruno Bär hat selbstgemalte Tierbilder in der Mitte durchgeschnitten und neu zusammengelegt. Jetzt sucht er passende Namen für seine Tiere.
Hilf ihm!

Ele | gei

Papa | dil

Male einen **Zeger**. Er sieht vorn wie ein **Ze**bra aus und hinten wie ein **Ti**g**er**. Kannst du noch mehr Tiere erfinden? Male sie, und schreibe ihre Namen auf.

Das Tier-Alphabet

Ergänze die Tiernamen. Fallen dir zu jedem Buchstaben noch mehr Tiernamen ein? Dann schreibe sie hinzu. Du darfst auch Phantasie-Tiere erfinden.

Affe

Bär

Chamäleo _

Dromed __

Es __

Fr _ sch

Gir _ ff _

Huh _

Ig __

Jag __

Katz _

La __

Mei __

Nilpf ____

Och __

Pf ___

Quall _

R ___

Seelö ___

Tig __

U ___

Vogelsp ____

Wol _

X-Fresser *(Was ist denn das?)*

Yak

Zieg __

Das AaBbCc-Rätsel

Wer hat sich hier unsichtbar gemacht? Finde es heraus.

Verbinde die Punkte in der Reihenfolge des Abc. Beginne beim großen **A**. Dann folgt das kleine **a**, danach das große **B** und das kleine **b** . . . und so weiter.

Schreibe auf, was du siehst:

Fingerknobeln. Drückst du dich auch gern, wenn du etwas Lästiges oder Unangenehmes erledigen mußt? Bruno geht es genauso. Er spielt dann mit Wilma Fingerknobeln. Wenn Wilma verliert, muß sie die Aufgabe übernehmen.

Dies sind die vier Handzeichen, die Wilma und Bruno beim Knobeln brauchen. Die beiden ballen eine Pfote zur Faust. Einer zählt vor: eins, zwei, drei. Bei drei macht jeder ganz schnell eines der vier Handzeichen. Und wer gewinnt?

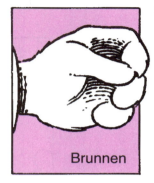 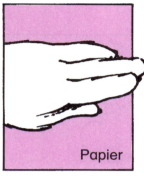 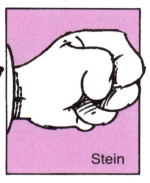 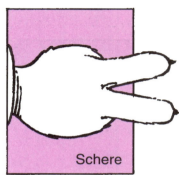

Brunnen — Papier — Stein — Schere

Trage die richtige Antwort ein, und umkringle jeweils den »Sieger«. Wenn beide Spieler dasselbe Handzeichen gemacht haben, müssen sie die Runde wiederholen. Wer zuerst drei Runden gewonnen hat, der ist Knobelkönig.

Was schleift die Schere?

1. Der (Stein) schleift die Schere.

Was fällt in den Brunnen?

2.

Was wickelt den Stein ein?

3.

Was schneidet Papier?

4.

Was fällt in den Brunnen?

5.

Was deckt den Brunnen zu?

6.

Probiere dieses Spiel einmal mit einem deiner Freunde aus.

Pfotenschlottern

Anja Hase geht es heute gar nicht gut. Der Doktor stellt fest: »Du hast Faulenzerfieber, eine Nasenflügelrötung und Pfotenschlottern. Ich verschreibe dir Gänseblümchentee, drei Rosenköhlchen und dreimal täglich geriebene Möhren.«

Was hättest du Anja verschrieben? Trage es auf dem Rezeptblock ein.

Verschnupft

Hier ist eine Geschichte, bei der man raten muß, was überhaupt geschieht. Alle »schnupfen« nur. Lies die Geschichte.

Ein schlimmer Tag

Heute früh konnte ich kaum schnupfen. Das Frühstück schnupfte auch nicht. Meine Eltern schnupften keine Zeit. Ich hatte meine Hausaufgaben nicht geschnupft. Trotzdem bin ich zur Schule geschnupft. Als ich auf den Schulhof schnupfte, schnupfte die Schulglocke ...

Setze die Geschichte fort.
Zeige die Schnupf-Geschichte deinen Freunden.
Ob sie diese seltsame Sprache verstehen?

**Wenn dir die Schnupf-Sprache gefällt,
dann denke dir selbst lustige Sprachen aus.**

In der Schlumpf-Sprache darf man nur schlumpfen.
In der Quak-Sprache kann man nur quaken.

**Sicher fallen dir noch viele andere Sprachen ein.
Schreibe kleine Geschichten.**

Durcheinander! In Bruno Bärs Vorratskeller herrscht große Unordnung. Heute wollte Bruno ein Glas Honig öffnen und erwischte aus Versehen Senf!

Jetzt will Bruno seine Vorräte ordnen und richtig beschriften. Was könnten die Dosen und Gläser enthalten? Hilf Bruno, und schreibe es auf die Etiketten.

- Marmelade
- Himbeeren
- Apfelmus
- ...
- ...

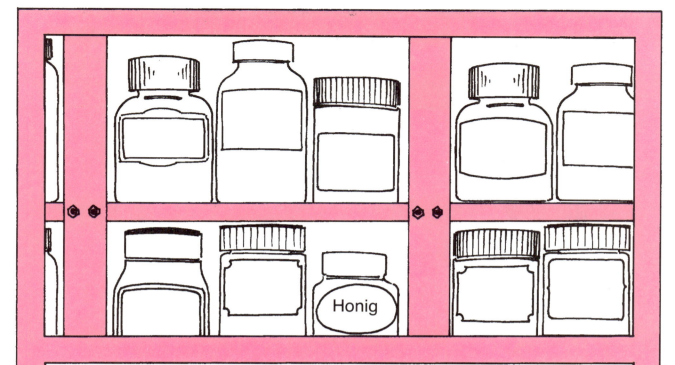

Bilde Sätze mit den Wörtern, die du links auf die Etiketten geschrieben hast. Benutze dabei diese Tunwörter:
essen, fressen, schlecken, schlürfen, kauen, naschen, knabbern

Bruno Bär schleckt gerne Honig.
Wilma Wolf _____

Eins – zwei – drei

Sieh dir diese drei Dinge an. Bestimmt fällt dir sofort eine Geschichte dazu ein. Erzähle sie, und schreibe sie auf.

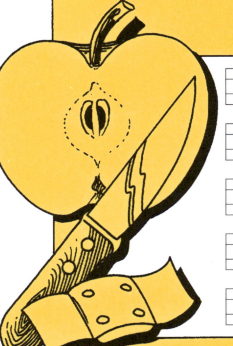

Wenn du nur drei Wörter hast, kannst du leicht eine ganze Geschichte daraus machen.
Was fällt dir ein, wenn du diese Wörter liest?

1.	2.	3.
Zahn	**Bindfaden**	**Dose**
spitzer Stein	**Schlauchboot**	**Handtuch**
Schlüssel	**Dachboden**	**Truhe**
Schuhe	**Thermometer**	**hitzefrei**

Du kannst deine Geschichten ...

✻ jemandem erzählen,
✻ aufschreiben
✻ oder als Bildergeschichte malen.

So sieht Bruno aus.

kleine Ohren
schwarze Augen
rundes Gesicht
freche Nase
fröhlicher Mund
schmale Schultern
gepflegtes Fell
kräftige Tatzen

Größe: Er wächst noch!

Und wie siehst du aus? Male ein Bild von dir. Beschreibe dich.

Größe? Haarfarbe? Augenfarbe? Gesichtsform? Besondere Kennzeichen?

Die Buchstabennager

Die Buchstabennager haben die Zeilen dieser Geschichte angeknabbert. Den Schluß haben sie ganz und gar verspeist.

Mazen und Mona

Mona und Mazen sind Geschwister. Die beiden wurden in Marokko geboren und gingen dort in den Kindergarten. Jetzt leben sie in Deutschland. Mazen geht schon in die Schule. Eines Tages begegnete ihm auf seinem Schulweg _____

_____

_____

_____

Vervollständige die Zeilen, und schreibe die Geschichte weiter.

Denk dir selbst eine kleine Geschichte über zwei Kinder aus, die du gut kennst.

Glaubgeschichten

Anna ißt Nudeln und glaubt, es sind Regenwürmer.
Stefanie ißt Regenwürmer und glaubt, es sind Nudeln.

Uwe schläft und glaubt, er ist wach.
Florian ist wach und glaubt, er schläft.

Miriam rutscht auf dem Po und glaubt, sie fährt Schlitten.
Christine fährt Schlitten und glaubt, sie rutscht auf dem Po.

Alexander rechnet und glaubt, er hört Radio.
Sebastian hört Radio und glaubt, . . .

Schreibe selbst Glaubgeschichten.

Jahreszeiten.
Trage auf den Bildern die Namen der Jahreszeiten ein. Male die Bilder bunt an.

Was paßt zu welcher Jahreszeit? Ordne richtig zu.

1. Drachen steigen lassen: *Herbst*
2. bunte Blätter sammeln:
3. rodeln:
4. Äpfel ernten:

5. Nüsse pflücken:
11. einen Schneemann bauen:
6. Ostereier suchen:
12. Karotten säen:
7. Schnee fegen:
13. Fasching feiern:
8. Kartoffeln ernten:
14. Schneeglöckchen suchen:
9. Erntedank feiern:
15. in die großen Ferien fahren:
10. Schneeballschlacht machen:
16. schwimmen gehen:

Schreibe auf, was du in den verschiedenen Jahreszeiten am liebsten tust.

Schreibe eine Geschichte, die in einer der vier Jahreszeiten spielt.

Verkehrte Welt

Man sagt: Das ist ein **großes Baby**.
Das ist ein ganz **kleiner Mann**.

Ich habe im Zoo einen **kleinen Elefanten** gesehen.
Ich habe im Keller eine **riesige Maus** entdeckt.

Ist das Unsinn oder nicht?

Schau dir die Bilder an. Kannst du über so eine »verkehrte Welt« eine Geschichte erzählen?

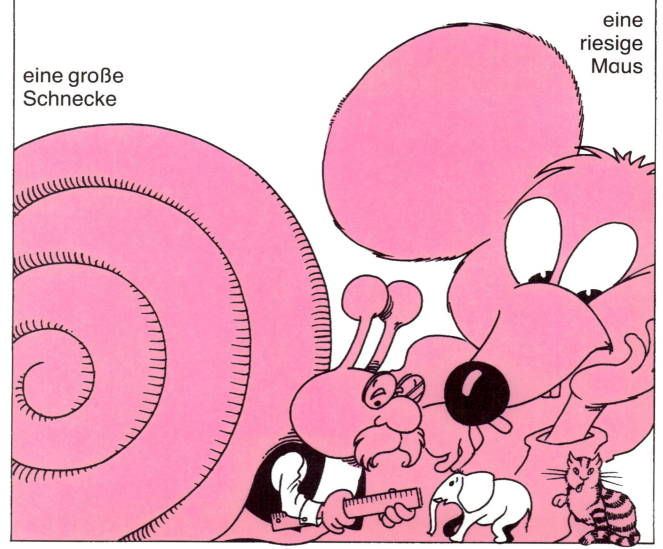

eine große Schnecke

eine riesige Maus

ein kleiner Elefant   eine kleine Katze

groß und klein

Man spricht vom großen und vom kleinen Abc.

Dies ist ein kleines a: a   Oder?

Das ist ein großes A: 𝐴   Oder?

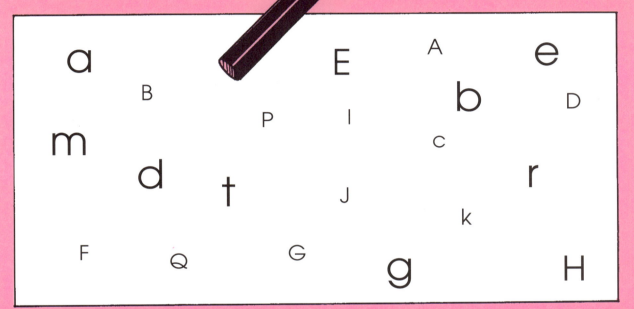

Hier siehst du Großbuchstaben, die sich klein gemacht haben, und viele Kleinbuchstaben, die sich ganz groß gemacht haben.

Umkringle die Buchstaben aus dem großen Abc mit einem lila Stift. Für die aus dem kleinen Abc nimmst du einen grünen Stift.

Ich bin klein, aber ich werde immer größer ...

Denk dir einen Satz oder eine Geschichte aus, und schreibe die Buchstaben und Wörter abwechselnd in ganz kleiner oder ganz großer Schrift auf.

Du wirst staunen, wie toll das aussieht.

Neue Ensslin-Aufsatzspiele 1

Fremdsprachen. Was tun diese Tiere? Welche Laute sind zu hören?

klappern

**Und was geschieht, wenn die Tiere eine Fremdsprache lernen?
Trage lustige Beispiele ein.**

Die Kuh _____	miaut.
_____	klopft.
_____	klappert.
_____	muht.
_____	quakt.
_____	summt.
_____	brüllt.
_____	kräht.

Das Versteck

Als Bruno noch klein war, hatte er ein Erlebnis, an das er heute noch oft denken muß.

Seine Mutter sagte eines Tages zu ihm: „Geh bitte in den Wald, und pflücke Beeren für mich. Ich möchte heute Marmelade kochen."

„Gut", sagte Bruno, „welchen Korb soll ich mitnehmen?"

„Den gelben", antwortete Brunos Mutter.

Bruno holte den gelben Korb und marschierte los. Auf seinem Weg zu den schönsten Beerensträuchern erblickte er plötzlich von weitem Ferdinand Fuchs. Dem wollte er heute gar nicht gern begegnen! Denn neulich hatte Bruno Ferdinand einen Streich gespielt: Er hatte ihm seine Spielhöhle zugeschaufelt.

Bruno kroch schnell hinter eine Buchenhecke. „Hier bin ich gut versteckt", dachte er.

War er das wirklich? Ferdinand ging nicht vorbei. Er blieb stehen und schnüffelte an der Hecke.

...

Wie könnte die Geschichte weitergehen?
Wird Bruno von Ferdinand entdeckt?
Wie verhält sich Bruno Bär?
Was unternimmt Ferdinand?
Wie geht die Geschichte aus?

Bestimmt fällt es dir nicht schwer, die Geschichte weiterzuerzählen.

Hast du Lust, sie aufzuschreiben? Du kannst auch ein Bild dazu malen.

Martha Meise hat einen Brief an Amadea Amsel geschrieben. Gerade will sie ihren Brief in einen Umschlag stecken und abschicken. Da bekommt sie einen Schreck: Der Buchfink hat doch tatsächlich alle Tiernamen herausgepickt!
Setze sie wieder ein: Nachtigall, Fasan, Wolf, Eichhörnchen, Kaninchen.

Waldhausen, den 2. Juli

Liebe Amadea,

gestern abend haben sich alle Tiere unseres Waldes auf einer Lichtung getroffen. Der _____ war als erster da. Dann kam die _____. Wie immer kam das _____ zuletzt. Wir sprachen darüber, ob bei unserer Aktion „Haltet den Wald sauber" nicht auch der _____ mitmachen sollte. Das _____ meinte, ...

Wie könnte Marthas Bericht weitergehen?

Hanna Huhn war hier!

Immer wenn Hanna Huhn **ei** oder **Ei** liest, legt sie ein Ei auf diese Stelle. Bei dieser Geschichte mußte Hanna viele Eier legen ...

F(ei)n aufgepaßt!

L(ei)se schl(ei)cht (ei)ne Katze durch den Garten. Sie hat (ei)ne M(äu)se gesehen. Viell(ei)cht kann ich die M(äu)se fangen, denkt sie.

Doch auch die M(äu)se hat die Katze gesehen.

(Ei), denkt sie, da muß ich aber aufpassen!

Lies die Geschichte, und schreibe sie so auf, daß alle Buchstaben zu sehen sind.

Fein aufgepaßt!

Erfinde eine Geschichte mit vielen **Au** und **au**. Schreibe sie in der (Ei)-Schrift auf.

Wortsammlung:
Wörter mit au:
- P(au)se

Frage deine Freunde, ob sie diese Geschichte lesen können.

Neue Ensslin-Aufsatzspiele 1

Nicht vergessen!

Bruno Bär ist manchmal ein wenig zerstreut. Dann vergißt er Tante Beates Geburtstag oder seinen Termin bei Doktor Wohlzahn.
Zur Erinnerung schreibt er kleine Merkzettel und heftet sie an seine Pinnwand.

Schreibe auf diese Pinnwandzettel, was du dir merken willst. Bestimmt fallen dir auch lustige Dinge ein.

Dringend!
Aus einer Korkplatte eine Pinnwand basteln. An die Wand hängen. (Wer hilft mir?)

Bitte recht sparsam!

Manchmal kannst du etwas genau beschreiben und trotzdem mit Worten sparen.
Das geht so: Statt **schwarz wie Pech** sagst du **pechschwarz**.
Findest du für diese Ausdrücke *ein* passendes Wort?

schwer wie eine Tonne

kalt wie Eis

weich wie Butter

schnell wie ein Pfeil

hell wie der Tag

grün wie Moos

weiß wie Blüten

blau wie der Himmel

Beachte: Deine Wörter sind Wiewörter, und sie werden klein geschrieben.

Sicher kennst du noch mehr solche Wörter, stimmt's? Welche?

Ein großes Fest

Bruno Bär hat bald Geburtstag. Er will ganz groß feiern. Gerade schreibt er an seinem Computer Einladungsbriefe für seine Freundinnen und Freunde. Aber was ist das? Der Drucker spinnt. Er hat bestimmte Buchstaben verschluckt.

```
L ebe W lm,

 ch h be  m S nnt g, dem 17. Jul ,
Geburtst g.  n d esem T g möchte
 ch  uch fe ern.  ch l de D ch
herzl ch d zu e n.
B tte g b m r Besche d,  b Du
k mmen k nnst. D s Fest beg nnt um
12 Uhr.

V ele l ebe Grüße

De n Brun  Bär.
```

Kannst du den Brief entziffern? Finde heraus, welche Buchstaben fehlen.

Schreibe den Einladungsbrief noch einmal vollständig ab, damit Bruno ihn zur Post bringen kann.

Was glaubst du, wen Bruno einlädt? Einige seiner Freunde kennst du schon. Wenn du weißt, wie sie heißen, schreibe ihre Namen auf.

Wie würde Brunos kaputter Drucker die Namen ausdrucken?

Neue Ensslin-Aufsatzspiele 1

Was schreibst du deinen Freundinnen und Freunden, wenn du sie zum Geburtstag einladen willst?

Das schreibe ich in meinen Einladungsbrief:

Dies sind die Namen meiner Gäste:

Vergiß nicht, den Tag deiner Feier, die Uhrzeit und deine Adresse anzugeben.

Willst du deine Freunde ein wenig raten lassen? Dann suche dir einen oder zwei Buchstaben aus, die du im ganzen Brief dick übermalst. Du kannst auch eine Blume oder eine Sonne aus diesen Buchstaben machen.

Liebe Tin*,

*m Sonnt*g, den 3. M*i, feiere ich meinen Geburtst*g. Ich b*de Dich herzlich d*zu ein.

Geheimschrift

Hallo, Jonas! Ich kenne eine tolle Geheimschrift.

Etwa diese hier?
A = 1   E = 2
I = 3   O = 4
U = 5

H1ll4 d5, 3ch h23ß2 Br5n4!

Was heißt das? Mit Hilfe von Jonas' Tip kannst du es lesen.

Kannst du deinen Namen in dieser Geheimschrift schreiben?

Denke dir eine tolle Geschichte in Brunos Geheimschrift aus.

Jetzt zeige die Geschichte deinen Freunden oder Eltern. Frage sie, ob sie die Nachricht entschlüsseln können.

Wenn du deine Geburtstagsfeier oder eine Faschingsfeier planst, überlegst du dir Spiele für deine Gäste. Den Kindern, die ein Spiel gewinnen, könntest du eine tolle Urkunde schenken. **Gestalte einmal eine Urkunde. Rechts siehst du ein Beispiel,** das du noch schön verzieren kannst.

Urkunde

Abzählreime

Wenn Bruno mit Wilma spielt, dann sagt er am liebsten diesen Abzählvers auf:

**Rulle rulle ritsch ratsch,
mille malle pitsch patsch,
rulle rulle rutsch,
du bist futsch.**

Bruno fängt immer bei sich selbst an zu zählen. Denn er weiß genau, daß Wilma Wolf dann »futsch« ist, und niemals er . . .

Erfinde selbst einen lustigen Abzählreim.
Solche Reime kannst du nach Wörtern oder nach Silben abzählen.

Wenn du magst, schicke uns deinen Abzählvers. Jedes halbe Jahr wird der schönste Vers mit einem tollen Preis belohnt.
Vergiß nicht, deinen Absender anzugeben.

An den
Ensslin-Verlag
— Lernspielclub —
Postfach 15 32
D-72705 Reutlingen

Was kleine Hexen und Kobolde gern essen, ist bestimmt nicht dein Geschmack: Kellerasselnsalat, Spinnenknödel, Fischgrätenmus, Essiglimonade, Eierschalenpizza. Welche »Leckereien« fallen dir ein? **Stelle einen Speiseplan zusammen.**

Speiseplan	Frühstück	Mittagessen	Abendessen
Montag			
Dienstag			
Mittwoch			
Donnerstag			
Freitag			
Samstag			
Sonntag			

Wie spät ist es? Erkennst du die Uhrzeit?

Sieben Uhr.

Viertel vor zehn.

Ein Ferientag

Ein Schultag

Beschreibe deinen Tagesablauf. Für die Uhrzeiten kannst du kleine Uhren zeichnen.

Eine abendliche Versammlung

Über dem Wald geht die Sonne unter. Gleich ist es stockfinster. Du hörst von fern ein stetes Gemurmel. Was geht da vor? fragst du dich. Du nimmst dein Nachtsichtgerät und versucht zu erkennen, woher das Gemurmel kommt.

Da! Du entdeckst einige Waldbewohner, die sich auf einer Lichtung versammelt haben. Du kannst nur ihre Umrisse sehen. Du siehst nicht, wer von ihnen im Vordergrund und wer im Hintergrund steht . . .

Sieh dir das Bild an. Fahre die Ränder zwischen den weißen und den rosa Flächen mit einem Bleistift nach. **Überlege dir, was in den Vordergrund gehört und wer im Hintergrund steht.** Danach kannst du das Bild so gestalten, daß man alles genau erkennen kann.

Fällt dir zu diesem Bild eine Geschichte ein?

Tag und Nacht

Ob Tag, ob Nacht – stets sind im Wald Tiere unterwegs. Lies die Namen der Waldbewohner. Welche von ihnen sind tagsüber auf den Beinen? Unterstreiche ihre Namen grün. Welche sind jede Nacht wach? Unterstreiche ihre Namen rot.

Nachtigall **Amsel** **Fledermaus**

Stell dir vor, du würdest den ganzen Tag schlafen und erst in der Nacht aufstehen und spielen gehen.
Was wäre anders? Beschreibe es.

Male Bilder dazu.
abends
nachts
morgens

Rehbock   **Fuchs**   **Specht**

Dachs   **Frosch**   **Uhu**

Zu welchen Tageszeiten passen diese Wörter?

Sonnenuntergang _____

Frühstück _____

Sternschnuppe _____

Nachtwächter _____

Sonnenaufgang _____

Mondlicht _____

Frühtau _____

Dämmerung _____

Hast du schon einmal bei Dunkelheit einen Spaziergang gemacht? Oder sogar eine Nachtwanderung? Was hast du erlebt?

Die Nachtwanderung

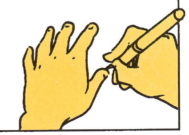

Eine Nachricht

Tobias ruft seinen Freund Robin an. Tobias fragt: „Kommst du zu mir? Ich habe keine Lust, ganz allein zu spielen."

Robin antwortet: „Ich kann jetzt nicht weggehen. Meine Mutter ist nicht da, und mein Vater ist auch noch nicht zu Hause."
Tobias hat einen Vorschlag: „Du kannst deinen Eltern doch eine Nachricht hinterlassen."
„Eine gute Idee", findet Robin.

Was muß diese Nachricht enthalten? Notiere erst ein paar Stichpunkte, und schreibe dann an Robins Stelle einen kleinen Brief an seine Eltern.

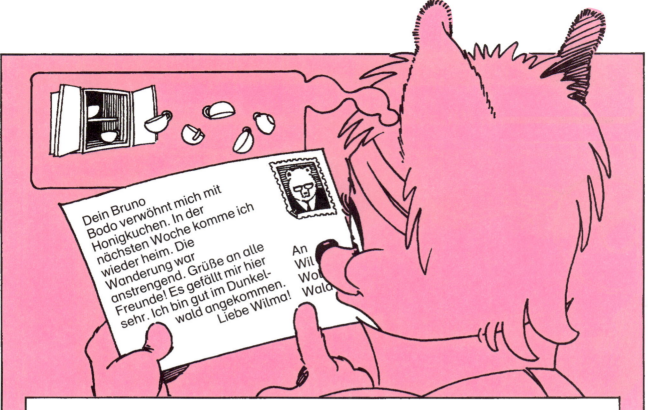

Bruno macht Urlaub bei seinem Vetter Bodo Bär in Dunkelhausen. Er hat Wilma eine Postkarte geschickt. Wilma liest und wundert sich. Was ist denn mit Bruno los? denkt sie. Er ist wohl ein bißchen durcheinander. Oder will er mich auf die Probe stellen?

Lies die Postkarte. Wirst du daraus schlau? Schreibe die Sätze in der richtigen Reihenfolge auf.

Wilma will weiße Wolken

Bärbel **b**ringt **B**odo **b**unte **B**lumen.
Zwischen **z**wanzig **Z**wetschgenbäumen **z**witschern **z**wanzig **Z**eisige.

Such dir irgendeinen Buchstaben aus, und bilde Sätze, in denen jedes Wort mit diesem Buchstaben beginnt.

Nimm zum Beispiel den Anfangsbuchstaben deines Namens. Wenn du **T**anja heißt, könntest du schreiben:

Tolle **T**ypen **t**anzen **t**äglich **T**ango. Oder: **T**rinken **T**iger **t**atsächlich **T**ee?

Geschichteohneende

mutterläßtbadewassereinlaufenjuliastehtimbadezimm
erundziehtsichausschnellschlüpftsieindenbademantel
daswasseristnochzuheißkalteswasserläuftnachnunste
igtjuliaindiewanneesistgemütlichaberdaswasserläufta
bjuliahatmitdemzehdenstöpselherausgezogenmutterl
äßtbadewassereinlaufen . . .

Kannst du diese Wörterschlange entziffern?
Lies den Text laut und langsam. Mache dort einen Strich, wo ein Wort endet. Dann liest du den Text noch einmal. Kannst du ihn jetzt richtig abschreiben? Wo steht ein Punkt? Welche Wörter schreibst du groß?

_____
_____
_____
_____
_____
_____
_____
_____
_____

Und wie geht die Geschichte weiter? Was meinst du?

Eine spannende Geschichte...
Welche dieser vier Geschichten möchtest du am liebsten fortsetzen?

Fridolin war ein kleiner Frosch. Sein Haus befand sich unter einem Rhabarberblatt. Der Weg zum Teich war nicht weit. Fridolin hatte viele Freunde. Oft bekam er Besuch. Eines Tages hatte es lange geregnet. Da kam plötzlich Amadea Amsel aufgeregt zu ihm geflattert. Sie begann gleich zu erzählen...	Es war einmal ein kleiner Roller. Der wurde nie benutzt. Sein Name war Professor Benjamin. Eines Tages hatte Professor Benjamin es satt, immer nur herumzustehen. Er wollte wieder einmal richtig wild rollen. Er wartete einen günstigen Moment ab. Dann...
Tim kommt froh aus der Schule zurück. Heute will er mit seinen Eltern den neuen Hund abholen. Tim hat aus einer alten Decke ein Lager gemacht. Den Napf hat er schon mit Wasser gefüllt. Die Hausaufgaben sind schnell fertig. Endlich geht es los...	Petra und Inka schlafen heute nacht im Zelt. Inkas Papa hat das Zelt im Garten aufgebaut. Die Mädchen haben es sich darin gemütlich gemacht. Am Abend kuscheln sie sich in ihre Schlafsäcke. Spät in der Nacht werden sie plötzlich durch ein leises Rascheln geweckt...

Neue Ensslin-Aufsatzspiele 1

Krachgeschichten

Flüstergeschichten

Hilfe, meine Ohren brauchen eine Pause!

Toll, das ist Musik für mich.

Liste einmal auf, was du gern hörst und was nicht.

Das höre ich gern.	Das höre ich nicht gern.

am liebsten laut

am liebsten leise

Denke dir eine Krachgeschichte aus – oder eine Flüstergeschichte.
Darin können diese Wörter vorkommen:
flüstern, wispern, tuscheln – schreien, brüllen, kreischen, tosen ...

Nimm dir einen Zeichenblock, und male ein Krachbild.

Bestimmt hast du schon einmal eine tolle Überraschung erlebt, etwas, womit du überhaupt nicht gerechnet hast.
Zum Beispiel: ein Geschenk, obwohl du gar nicht Geburtstag hattest.
Oder eine Eins im Diktat, obwohl du keine Zeit zum Üben hattest.

Meine Lieblingsüberraschung

**Schreibe deine eigene Überraschungsgeschichte.
Du kannst auch erzählen, wie du selbst jemanden
überrascht hast.**

Wenn du magst, kannst du uns deine Überraschungsgeschichte schicken. Jedes halbe Jahr wird die schönste Geschichte mit einem tollen Preis belohnt. Vergiß nicht, deinen Absender anzugeben.

An
Ensslin-Verlag
– Lernspielclub –
Postfach 15 32
D-72705 Reutlingen

Werbesprüche

Diese Sprüche sind noch nicht fertig. Ergänze sie. So kannst du lustige Werbung machen. Wenn dir nicht gleich etwas einfällt, blättere in einer Zeitschrift. Das hilft dir bestimmt.

_____ sind anschmiegsam.

_____ wie im siebten Himmel.

Beim Zahnarzt darf wieder _____ werden.

_____ wird Sie begeistern!

GEKOCHT WIRD, WAS _____

_____ Wärmstens zu empfehlen!

Der Augenblick, der Ihre Sinne verwöhnt: _____

Gut einkaufen, schöner _____

Ein phantastischer _____ hat mich verhext.

Graue Haare weg – ohne _____

_____ sind nicht nur für die Katz.

Schlechte Aussichten für Umweltsünder

Was geschieht hier? Fülle die Sprechblasen.

Lösungen:

Seite 19: Katze, Regen, Stuhl (auch: Tisch), Uhu (auch: Kuckuck), Schneeglöckchen/Osterglocke/Maiglöckchen, Hase/Kaninchen, Uhr, Banane, Ei

Seite 22: Kabra, Krokofant, Timel

Seite 34: 1. Herbst, 2. Herbst, 3. Winter, 4. Herbst

Seite 35: 5. Herbst, 6. Frühling, 7. Winter, 8. Herbst, 9. Herbst, 10. Winter, 11. Winter, 12. Frühling, 13. Winter, 14. Winter, 15. Sommer, 16. Sommer

Seite 43: tonnenschwer, eiskalt, butterweich, pfeilschnell, taghell, moosgrün, blütenweiß, himmelblau

Seite 45: Liebe Wilma, ich habe am Sonntag, dem 17. Juli, Geburtstag. An diesem Tag möchte ich auch feiern. Ich lade Dich herzlich dazu ein. Bitte gib mir Bescheid, ob Du kommen kannst. Das Fest beginnt um 12 Uhr. Viele liebe Grüße Dein Bruno Bär.
(In Briefen schreibst du Anredewörter wie *du, dein, dich, dir, ihr, euch, euer* immer groß.)
Bruno lädt Wilma Wolf ein, Ferdinand Fuchs, Hubert Hase, Robert Rehbock, Nina Natter, Amadea Amsel, Hanna Huhn und viele andere Tiere.
Brunos kaputter Drucker verschluckt alle a, i und o. Die Tiernamen würden also so aussehen:
W lm W lf, Ferd n nd Fuchs, Hubert H se, R bert Rehb ck, N n N tter, m de msel, H nn Huhn.

Seite 47: Hallo du, ich heiße Bruno!

Seite 54: Nachtigall und Fledermaus: nachts; Amsel: tagsüber

Seite 55: Fuchs, Dachs, Uhu: nachts; Rehbock, Frosch, Specht: tagsüber. *morgens:* frühmorgens, Sonnenaufgang, Frühtau, Dämmerung; *abends:* Sonnenuntergang, Dämmerung; *nachts:* sternenklar, Nachtwächter, mondhell

Seite 56: Die Nachricht sollte enthalten, wohin er gegangen ist, um wieviel Uhr er weggegangen ist und wann er wiederkommt.

Seite 57: Liebe Wilma! Ich bin gut im Dunkelwald angekommen. Die Wanderung war anstrengend. Es gefällt mir hier sehr. Bodo verwöhnt mich mit Honigkuchen. In der nächsten Woche komme ich wieder heim. Grüße an alle Freunde! Dein Bruno

Seite 59: Mutter läßt Badewasser einlaufen. Julia steht im Badezimmer und zieht sich aus. Schnell schlüpft sie in den Bademantel. Das Wasser ist noch zu heiß. Kaltes Wasser läuft nach. Nun steigt Julia in die Wanne. Es ist gemütlich. Aber das Wasser läuft ab. Julia hat mit dem Zeh den Stöpsel herausgezogen. Mutter läßt Badewasser einlaufen...

Ich habe diese Karte aus dem Heft: **Aufsatzspiele 1**

○ Dieses Heft war ein Geschenk.
○ Ich habe es mir selbst ausgesucht / gekauft. (Wo?)

....

An / in diesem Heft gefällt mir:

....
....

Das finde ich nicht gut:

....
....

Ich bin ... Jahre alt. Meine Hobbys / Interessen:

....
....

○ Ich möchte wissen, was der Ensslin-Verlag sonst noch macht. Bitte schickt mir kostenloses Prospektmaterial zu.
Diese Karte geht an:

**Ensslin-Verlag
Postfach 15 32
D-72705 Reutlingen**

Jeder 50. Einsender erhält zusätzlich ein tolles Buchgeschenk.

Inhalt:

Muster malen	4, 5
Buchstaben nachfahren	6, 7
Buchstabenspiele	6, 7, 11, 16, 17, 23, 24, 41, 44, 45, 47, 58
Lieblingstiere	8, 9
Bild – Reimwort – Gedicht	10
Spiele mit Schrift	12, 13, 14, 15, 32, 37
Schreiben ohne Papier und Stifte	12, 13
Verschiedene Schriftarten, gleiche Bedeutung	14, 15
Vom Bild zur Geschichte	18, 52, 53, 64
Rätsel erfinden	19
Buchstabengeschichten	20
Bildbeschreibung	21
Phantasietiere erfinden	22
Sprachspiele	22, 27, 33, 36, 38, 43, 51, 58
Fingerknobeln	25
Phantasiemedizin	26
Die »Schnupf-Sprache«	27
Im Vorratskeller	28, 29
Reizwortgeschichten	30
Beschreibe dich selbst	31
Glaubgeschichten	33
Jahreszeiten	34, 35
Verkehrte Welt	36, 37
Tiere lernen Fremdsprachen	38
Textanfänge fortsetzen	39, 40, 60
Lückentexte	40, 44, 45, 46
Merkzettel	42
Einladungsbriefe	46
Geheimschrift	47
Phantasieurkunden	48, 49
Abzählreime erfinden	50
Speiseplan für Hexen und Kobolde	51
Tagesablauf beschreiben, Uhrzeit	52
Tag- und Nachtgeschichten	54, 55
Nachricht hinterlassen	56
Textabschnitte ordnen	57
Sätze aus Wörtern mit gleichem Anlaut	58
Geschichteohneende	59
Krach- und Flüstergeschichten	61
Überraschungsgeschichten	62
Phantasiewerbesprüche	63
Comic	64

---

bitte freimachen

ENSSLIN-Verlag
Leserumfrage
Postfach 15 32

D-72705 Reutlingen

Absender:
Name:
Vorname:
Straße:
PLZ-Ort:

Hiermit bestellen wir folgende
Hefte auf Rechnung (plus Porto):